Las frases de grandes inversores que te ayudarán a invertir mejor

Jotabe BOOKS

Copyright © 2021 Jotabe BOOKS

Todos los derechos reservados.

ISBN:

DISCLAMER

Este libro es un divertimento o entretenimiento para el lector, no pretende ser un libro sobre cómo debe invertir.
Esta recopilación de frases de grandes inversores y pensadores de todos los tiempos le ayudarán a poner en valor algunos pensamientos que llevaron a estos hombres a triunfar en sus negocios.

Al igual que los refranes son la "cultura del pueblo ", podemos decir que las frases que recogen este libro son "la cultura financiera "de los mejores inversores del Mundo.

ÍNDICE

- INTRODUCCIÓN — 1
- JOHN D. ROCKEFELLER — 3
- JESSE LIVERMORE — 6
- BENJAMIN GRAHAM — 9
- IRVING KAHN — 13
- ANDRÉ KOSTOLANY — 15
- PHILIP FISHER — 18
- JOHN TEMPLETON — 21
- WALTER SCHLOSS — 23
- CHARLIE MUNGER — 26
- JOHN BOGLE — 30
- WARREN BUFFET — 33
- GEORGE SOROS — 40
- JOHN NEFF — 43
- DAVID DREMAN — 45
- MARTIN ZWEIG — 47
- PETER LYNCH — 49
- BILL H. GROSS — 57
- ROBERT KIYOSAKI — 58
- PHIL TOWN — 62
- RAY DALIO — 63
- BILL GATES — 68
- JOEL GREENBLATT — 72

- ✓ SETH KLARMAN   74
- ✓ TONY ROBBINS   82
- ✓ JAMES O' SHAUGHNESSY   84
- ✓ JORDAN BELFORT   86
- ✓ FCO GARCIA PARAMÉS   88
- ✓ JEFF BEZOS   90
- ✓ ELON MUSK   93
- ✓ NAVAL RAVIKAN   96
- ✓ +CITAS   98
- ✓ ANONIMAS   105
- ✓ BIBLIOGRAFIA   106
- ✓ DISCLAMER   106
- ✓ AGRADECIMIENTO   107

- ✓ LOS AUTORES DE ESTAS FRASES CÉLEBRES ESTÁN ORDENADOS EN EL LIBRO POR SU FECHA DE NACIMIENTO

INTRODUCCIÓN

Encontraremos en este libro un resumen de frases de grandes personas que han dejado huella en su caminar por nuestro mundo.

La mayoría de las personas son inversores, empresarios, emprendedores, especuladores, hombres de negocios...

Des del siglo XIX al siglo XXI, des de Rockefeller hasta Ravikant, pasando por el gran Warren Buffet, Peter Lynch y demás.

De sus citas o frases célebres podemos aprender mucho y este aprendizaje nos puede llevar a aprender más y a tomar consejos de inversión.

Muchos de los inversores exitosos (y alguno que ha fracasado o incluso ha pasado por la cárcel) han invertido de diferentes formas, aunque en, muchos casos podemos encontrar un nexo entre las diferentes formas de invertir.

Disfruten de sus frases

JOHN D. ROCKEFELLER (1839-1937)

John Davison Rockefeller, fue un gran empresario empresario e industrial estadounidense, que trabajó en la industria petrolera.

Fue el fundador y presidente de la **Standard Oil**, una gigantesca compañía que construyó a lo largo de 40 años y que llegó a controlar la extracción, refinado, transporte y distribución de más del 90 % del petróleo de Estados Unidos, creando el primer y más grande monopolio de la historia moderna de todo el mundo.

Su éxito como empresario (a veces con métodos cuestionados) durante la Edad Dorada de la industria en los Estados Unidos le llevó a ser el hombre más rico de su época. Debido a su vasta fortuna, Rockefeller logró convertirse en la mismísima imagen del multimillonario estadounidense.

Sería injusto no mencionar su destacada labor filantrópica, como por ejemplo su donación de 80 millones de dólares a la Universidad de Chicago que sirvió para convertir una pequeña universidad en una institución de clase mundial en 1900.

Sus frases célebres:

- "Cuando mi limpiabotas invierte en Bolsa yo lo vendo todo"

- No tengas miedo de renunciar a lo bueno para perseguir lo grandioso.

- En todo fracaso hay una oportunidad nueva.

- En lo que te debes enfocar no es en alcanzar una cierta cifra de dólares, sino en construir las bases de tu éxito, o sea edificar tu carácter, tu reputación profesional, tu crédito ante los demás... hacer lo correcto y labrarte buena fama.

- A menos que creáis en vosotros mismos, nadie lo hará; este es el consejo que conduce al éxito.

- Si usted desea tener éxito debe buscar nuevos caminos, en lugar de recorrer los caminos tradicionales y trillados del éxito, que todos conocen.

- Nunca he tenido la ambición de hacer una fortuna. Hacer sólo dinero jamás fue mi objetivo. Mi ambición ha sido siempre el construir.

- No creo que haya ninguna otra cualidad tan esencial para el éxito de cualquier persona, como la cualidad de la perseverancia. Supera a casi todo, incluso a la naturaleza. Con perseverancia, cualquier cosa, ya sea correcto o incorrecto, bueno o malo, es factible y puede ser lograda.

- Siempre intenté convertir cada desastre en una oportunidad.

  Creo que la prestación de servicio útil es el deber común de la humanidad y que solo en el fuego purificador del sacrificio se consume la escoria del egoísmo y se libera la grandeza del alma humana.

- El buen liderazgo consiste en enseñar a la gente normal a hacer el trabajo de personas superiores.

- El crecimiento de un gran negocio es simplemente la supervivencia del más apto... La bella rosa estadounidense solo puede lograr el máximo de su esplendor y perfume que nos encantan, si sacrificamos a los capullos que crecen en su alrededor. Esto no es una tendencia maligna en los negocios. Es más bien solo la elaboración de una ley de la naturaleza y de una ley de Dios.

- « ¿Sabes lo único que me produce placer? Es ver aumentar mis dividendos.»

JESSE LIVERMORE (1877-1940)

Jesse Lauriston Livermore, era un comerciante de acciones estadounidense, ha sido uno de los grandes especuladores de la Bolsa de todos los tiempos.

Se le considera un pionero del comercio intradía.

Fue una de las personas más ricas del mundo; sin embargo, en el momento de su suicidio, tenía pasivos mayores que sus activos.

Livermore utilizó lo que ahora se conoce como **análisis técnico** como base para sus operaciones.

Su personaje inspiró El libro de Edwin Lefevre **"Recuerdos de un operador de acciones"**

Sus frases famosas:

- Los inversores, a diferencia de los especuladores, son los grandes jugadores. Tras hacer una apuesta, se aferran a ella y si la operación es perdedora se arriesgan a perderlo todo.

- En la mayoría de los casos el objeto de la manipulación es, vender al público, al mejor precio posible. No es sólo cuestión de vender, sino de distribuir. Obviamente, es mucho más conveniente que un valor esté en manos de mil personas, y no en manos de un sólo hombre.

- Otra lección que aprendí pronto es que no existe nada nuevo en Wall Street. No puede haberlo porque la especulación es tan vieja como las montañas. Cualquier cosa que suceda en el mercado hoy, ha sucedido antes y sucederá otra vez.

- He podido ver, cómo cierto rumor, sobre mí mismo, crecía tanto, que la misma persona que lo inició, no lo reconocía cuando el rumor llegó de nuevo a sus oídos en menos de veinticuatro horas.

- Sólo hay un lado del mercado, y no es el lado alcista ni el lado bajista, sino el lado correcto.

- Los mercados nunca están equivocados; las opiniones a menudo.

- Un hombre deber creer siempre en sí mismo y en su juicio si piensa ganarse la vida en este juego. Por eso es por lo que no creo en las recomendaciones de valores concretos.

- El hombre medio no desea que le digan si el mercado es alcista o bajista. Lo que desea es que le digan, de forma específica, qué valor comprar o vender. Quiere algo por nada. No desea trabajar. Ni siquiera desea pensar.

- Los enemigos mortales del especulador son: la ignorancia, la codicia, el miedo y la esperanza.

- Los principios del éxito en la especulación de valores se basan en la suposición de que la gente, en el futuro, seguirá cometiendo los mismos errores que se cometieron en el pasado.

- No hay nada como perder todo lo que tienes en este mundo para aprender lo que no debes hacer. Y cuando sabes lo que no tienes que hacer para no perder dinero, empiezas a aprender lo que hacer para ganar. ¿Lo entienden? ¡Empiezas a aprender!

- Los valores se manipulan hasta el punto más alto posible, y después se venden al público en el descenso.

- El temor y la esperanza siguen siendo iguales que antes, no han experimentado cambios; por lo tanto, el estudio de la psicología del especulador es tan válida como antes.

- Pienso que la gente necesita un líder, necesita que le digan lo que hay que hacer y cómo hacerlo. Siempre se mueven como una masa, como una manada ya que así se sienten más cómodos. Están asustados si se mantienen fuera de la manada y nadie quiere quedarse fuera del grupo, siguiendo la teoría de la opinión contraria.

- Los tontos han intentado siempre conseguir algo a cambio de nada, y la gran atracción de todos los "booms bursátiles" es siempre, un instinto de juego elevado por la avaricia y por un desmedido deseo de prosperidad. La gente siempre busca dinero fácil.

BENJAMIN GRAHAM
(1894-1976)

Benjamín Graham, nacido el 8 de mayo de 1894 en Londres, inversor, escritor y profesor. Se mudó siendo muy niño con su familia a Nueva York. Fue profesor en la Columbia Business School, es considerado el padre del **value investing** o inversión en valor.

Es autor de dos de los mejores libros de finanzas de todos los tiempos: **Security Analysis y The Intelligent Investor.** Entre los discípulos más conocidos se encuentran Warren Buffett, Jean Marie Eveillard, Irving Kahn o Walter J. Schloss.

Fundó la firma Graham-Newman Corporation.

Entre los años 1936 y 1956 la sociedad alcanzó una fantástica rentabilidad anual superior al 14,5%.

Falleció el 21 de septiembre de 1976.

Sus frases famosas:

- Míster Market es un esquizofrénico en el corto plazo, pero recupera su cordura en el largo plazo.

- Las personas que no pueden controlar sus emociones no son aptas para obtener beneficios mediante la inversión.

- Quien invierta en acciones no debería estar demasiado preocupado por las erráticas fluctuaciones en los precios del valor, puesto que a corto plazo el mercado de acciones se comporta como una máquina de votar, pero a largo plazo actúa como una báscula.

- Usted no tendrá razón ni se equivocará por el hecho de que la multitud no esté de acuerdo con usted. Tendrá razón porque sus datos y su razonamiento sean correctos.

- El mercado es como un péndulo que siempre oscila entre el optimismo insostenible (que hace que los activos sean demasiado caros) y el pesimismo injustificado (que hace que los activos sean demasiado baratos). El inversor inteligente es una persona realista, que vende a optimistas y compra a pesimistas.

- Si queréis ser ricos no aprendáis solamente a saber cómo se gana, sino también cómo se invierte.

- Las pérdidas más importantes de los inversores suelen provenir de la compra de activos de baja calidad en tiempos de bonanza económica.

- Es sorprendente ver cuántos empresarios tremendamente capaces tratan de operar en Wall Street desentendiéndose de todos los principios de sensatez con los que han conseguido el éxito en sus propias empresas.

- La mayoría del tiempo las acciones están sujetas a cambios irracionales y excesivas fluctuaciones en los precios como consecuencia de la tendencia de la mayoría en especular o apostar...para dar paso a esto se necesita esperanza, miedo y codicia.

- Incluso el inversionista inteligente es probable que necesite de considerable fuerza de voluntad para no seguir a la multitud.

- Tenga cuidado con las proyecciones, es absurdo pensar que el público en general puede ganar dinero con las proyecciones de mercado.

- El principal problema del inversor, e incluso su peor enemigo, es probablemente él mismo

- Invierte sólo en empresas en las que estarías tranquilo si no puedes conocer la cotización diaria.

- Las inversiones exitosas consisten en saber gestionar el riesgo, no en evitarlo.

- Una gran compañía no es una buena inversión si pagas mucho por la acción

- Conseguir unos resultados de inversión satisfactorios es más sencillo de lo que la mayoría de la gente piensa; conseguir unos resultados superiores es mucho más difícil de lo que parece.

- No compres con optimismo, sino con aritmética

- El individuo debe actuar consistentemente como inversor y no como especulador.

- "Los que tienen empresa no tienen dinero, y los que tienen dinero no tienen empresa para comprar acciones cuando son baratas".

IRVING KAHN
(1905 – 2015)

Irving Kahn fue un inversor y filántropo estadounidense. Fue uno de los primeros discípulos de Benjamín Graham, quien popularizó la metodología de **inversión de valor**.

Sus frases célebres:

- Los inversores deben recordar que su primer trabajo es preservar su capital. Una vez que hayan lidiado con eso, pueden abordar el segundo trabajo, buscando un rendimiento de ese capital.

- Los inversores reales nunca deben sentirse bajistas porque el momento de comprar valor es cuando los mercados bajan.

- Debes tener la disciplina y el temperamento para resistir tus impulsos. Los seres humanos tienen precisamente los instintos equivocados cuando se trata de los mercados. Si reconoce esto, puede resistir la tentación de comprar en un rally y vender en un declive. También es útil recordar el poder de la capitalización. No necesita esforzarse para obtener ganancias para hacer crecer su capital a lo largo de su vida.

- Los inversores no tienen motivos para sentirse pesimistas. Los inversores de valor real están contentos de que los mercados estén a la baja.

- Dejé de perder el tiempo en lo que [otras] personas afirmaban que valía una acción y comencé a mirar los números.

- Esto puede sorprenderle, pero hubo una gran cantidad de compras valiosas durante la Depresión.

- Es muy importante tener una curiosidad generalizada por la vida.

- Estoy en una etapa de la vida en la que me complace mucho encontrar acciones baratas.

ANDRÉ KOSTOLANY
(1906-1999)

André Kostolany, nacido en Budapest en 1906 y fallecido en París en el año 1999, fue uno de los grandes especuladores en la Bolsa de las últimas décadas. Conocido por la mayoría del público inversor, tiene millones de seguidores y sus libros están traducidos a 8 idiomas.

André Kostolany escribió sobre sus grandes éxitos en la Bolsa, y también sobre sus grandes fracasos

Sus frases famosas:

- No confíe usted en aquellos que han encontrado ya la verdad; confíe solamente en quienes siguen buscándola.

- Si en el mercado hay más tontos que papel, la bolsa sube. Si hay más papel que tontos, la bolsa baja.

- No hay que correr nunca tras un tranvía y una acción. ! ¡Paciencia! La próxima llega con toda seguridad.

- Lo que en la Bolsa saben todos, no me interesa.

- No hay que creer que los demás, cuando compran masivamente unas acciones, saben más o están mejor informados. Sus causas pueden ser tan diferentes que es prácticamente imposible sacar consecuencias de ello.

- Sube la bolsa, acude el público; baja la bolsa, el público se marcha.

- Las palabras más útiles en bolsa son: quizá, según se espera, posiblemente, podría ser, no obstante, a pesar, ciertamente, yo creo, yo opino, pero, posiblemente, me parece... Todo cuanto se cree y dice es condicionado.

- Comprar títulos, acciones de empresas, tomarse unas pastillas para dormir durante 20/30 años y cuando uno despierta, ¡voilà! es millonario.

- No hagas nunca caso alguno de la opinión del público bursátil. Ten tu propio criterio y síguelo. Si te equivocas que sea por ti mismo y no por culpa de los demás.

- En la bolsa, con frecuencia, hay que cerrar los ojos para ver mejor.

- Quien tiene mucho dinero puede especular. Quien tiene poco dinero no debe especular. Quien no tiene dinero tiene que especular.

- El papel decisivo corresponde siempre a la liquidez. Algunas decisiones de los bancos centrales y política crediticia y algunos signos de la política de los grandes bancos pueden dar algunas pistas. Si no hay liquidez, la bolsa no sube.

- Tienes que comprar acciones en una recesión o crisis porque el gobierno se encargará de encauzar la situación bajando los intereses e inyectando liquidez.

- Lo principal es mantenerse al margen de la opinión generalizada. La única manera de sobrevivir en el mercado es mediante un pensamiento independiente para no estar al tanto de todos los rumores. Seguir sólo las noticias confirmadas.

- Siempre he tomado las mejores decisiones en el mercado escuchando música clásica.

- "No sirve para nada proclamar la verdad en economía o recomendar cosas útiles. Es la mejor manera de hacerse enemigos"

- "No hay que seguir los acontecimientos con los ojos, sino con la cabeza"

- "Un inversionista pierde la capacidad de raciocinio cuando gana los primeros diez mil dólares. A partir de entonces se convierte en un pelele fácilmente manipulable"

- "A veces es mejor pensar una hora sobre el dinero que dedicar una semana a trabajar para obtenerlo."

- "Quien tiene mucho dinero puede especular. Quien tiene poco dinero no debe especular. Quien no tiene dinero tiene que especular."

- "Nunca hay que endeudarse, pedir un préstamo, para comprar acciones"

PHILIP FISHER
(1907-2004)

Philip Arthur Fisher fue un inversor estadounidense, considerado como "uno de los grandes inversores de todos los tiempos "y que fundó en 1931 su propia firma de inversión **Fisher&Co**.

Considerado un pionero en la técnica de la **inversión en crecimiento** (estilo de estrategia centrado en la inversión en empresas que exhiben indicios de crecimiento por encima de la media, incluso si el precio de la acción parece caro en algunos ratios como precio-beneficio o precio-valor contable) .

Es muy conocido por ser el autor del libro **Acciones ordinarias y beneficios extraordinarios**, una guía de inversión publicada en 1958 y que, hoy en día, continúa imprimiéndose.

Sus frases famosas:

- "La paciencia es necesaria para conseguir grandes beneficios mediante las inversiones"

- "No quiero muchas buenas inversiones, quiero pocas excepcionales"

- "El mejor momento para vender una empresa excelente es nunca"

- "El inversor que tiene éxito normalmente es un individuo que inherentemente está interesado en problemas empresariales."

- "Los inversores prácticos normalmente aprenden que su problema es no encontrar suficientes inversiones, no elegir entre tantas."

- "Por lo general, una lista muy larga de empresas no es una señal de un inversor brillante, sino de uno inseguro de sí mismo."

- "Los inversores conservadores duermen bien."

- "Nunca asciendas a alguien que no ha cometido errores, porque si lo haces, estás ascendiendo a alguien que nunca ha hecho nada."

- "Si se han hecho los deberes antes de comprar una acción, el momento de venderla es: normalmente, nunca."

- "Invertir en una empresa sin tener los conocimientos suficientes sobre ella es más peligroso que no tener la diversificación adecuada"

- "No sigas a la multitud"

- "En la bolsa tener un buen sistema nervioso es incluso más importante que tener una buena cabeza"
- El mercado de valores está lleno de individuos que conocen el precio de todo, pero el valor de nada.

- Tenga mucho cuidado al comprar en empresas e industrias que son los favoritos de la comunidad financiera.

- Si la tasa de crecimiento es tan buena que en otros diez años la empresa podría haberse cuadriplicado, ¿es realmente tan preocupante si en este momento las acciones podrían estar o no un 35% sobrevaloradas?

- Una, que menciono varias veces en otro lugar, es la necesidad de paciencia si se quieren obtener grandes beneficios de la inversión. Dicho de otra manera, a menudo es más fácil saber qué pasará con el precio de una acción que cuánto tiempo pasará antes de que suceda. El otro es la naturaleza intrínsecamente engañosa del mercado de valores. Hacer lo que todos los demás están haciendo en este momento y, por lo tanto, lo que tienes un impulso casi irresistible de hacer, a menudo es algo incorrecto.

- De una cosa puede estar seguro el inversor: la necesidad de una gran empresa de contratar a un nuevo director ejecutivo del exterior es una señal condenatoria de que algo básicamente anda mal con la dirección actual, no importa lo buenos que hayan sido los letreros superficiales como lo indica el estado de resultados más reciente.

JOHN TEMPLETON
(1912-2008)

John Templeton, nació en 1912 en Winchester, una pequeña localidad en el Estado de Tennesse (Estados Unidos). Se convirtió en el primer estudiante del pueblo en llegar a la Universidad, siendo, además, uno de los primeros de su promoción. A partir de 1937 inició una deslumbrante y dilatada carrera como financiero en Wall Street.

Con su filosofía de «comprar barato y vender caro», su instinto inversor le reportó enormes beneficios durante la Segunda Guerra Mundial.

Fue un audaz inversor, lo que le llevó a ser considerado por la revista Money como «el mejor seleccionador de acciones a nivel mundial del siglo XX».

Está considerado como uno de los **pioneros** en la gestión de **fondos de inversión**.

Los méritos de John Templeton como filántropo y mecenas le sirvieron para ser investido **Caballero del Imperio Británico** por la reina **Isabel II**.

Sus frases célebres:

- "Los mercados alcistas nacen en el pesimismo, crecen en el escepticismo, maduran en el optimismo y mueren en la euforia"

- "El momento de máximo pesimismo es el mejor para comprar y el momento de máximo optimismo es el mejor para vender"

- "Un inversor que tiene todas las respuestas ni siquiera entiende las preguntas"

- "Si quieres obtener mejores resultados que el resto, debes hacer las cosas diferente al resto."

- "Todo el mundo tiene talento, y es nuestro deber encontrar el nuestro y usarlo bien."

- "Céntrate en el valor porque la mayoría de los inversores se fijan en perspectivas y tendencias."

- "El éxito es un proceso de búsqueda continua de respuestas a nuevas preguntas."

- Es imposible tener una rentabilidad superior a la mayoría al menos que hagas algo diferente a lo que hace la mayoría.

- Las cuatro palabras que más inversores han arruinado son: "Esta vez es diferente"

- "Para todos los inversores de largo plazo, únicamente debe haber un objetivo: Máxima rentabilidad total y real después de impuestos"

WALTER SCHLOSS
(1916 – 2012)

Walter J. Schloss fue un inversor, administrador de fondos y filántropo estadounidense. Fue un discípulo, junto a Warren Buffet de la escuela de inversiones de Benjamin Graham.

No fue a la universidad, pero acudió a los cursos que Graham impartía en la New York Stock Exchange Institute. En 1955, Schloss fundó su propia firma de inversión, obteniendo un retorno anualizado del 15.3% durante los más de 40 años que dirigió la misma

Sus frases famosas:

- El precio es el factor más importante para usar con relación al valor.

- Intenta establecer el valor intrínseco de la compañía. Recuerda que una acción representa una parte de un negocio y no es sólo un trozo de papel.

- Usa el valor en libros como punto de partida y trata de establecer el valor de la empresa. Asegúrate que la deuda no es igual al 100% de los activos.

- Ten paciencia. Las acciones no suben inmediatamente.

- No compres por consejos sobre movimientos rápidos. Deja que lo hagan los profesionales, si son capaces. No vendas a causa de malas noticias.

- No tengas miedo de ser un solitario, pero asegúrate de que tu juicio es correcto. Nunca podrás estarlo al 100%, pero intenta buscar debilidades en tu pensamiento. Compra en las bajadas y vende en las subidas.

- Mantén tus convicciones con coraje una vez que tomas una decisión.

- Ten una filosofía de inversión y trata de seguirla.

- No tengas prisa por vender. Si una acción alcanza el precio que tú consideras justo, entonces puedes vender, pero a menudo sólo porque una empresa sube un 50% la gente dice que vendas y tomes beneficios. Antes de vender trata de volver a evaluar la compañía de nuevo y ver cómo cotiza la compañía en relación con su valor en libros. Cuidado con el nivel del mercado. ¿Están los rendimientos bajos y las ratios PER altos? Si el mercado está históricamente alto, ¿está la gente demasiado optimista? Etc.

- Cuando compro acciones, encuentro adecuado comprar cerca de los mínimos de los últimos años. Una compañía puede subir hasta 125 y luego bajar a 60 y tú pensar que es atractiva. 3 años antes la empresa cotizaba a 20, lo que mostraba alguna vulnerabilidad en ella.

- Intenta comprar activos a descuento en vez que comprar beneficios. Los beneficios pueden cambiar de forma dramática en un corto período de tiempo. Normalmente los activos cambian despacio. Una persona tiene que saber mucho más de una compañía si

- compra beneficios.

- Escucha las recomendaciones de gente que respetes. Esto no quiere decir que tengas que aceptarlas. Recuerda que es tu dinero y generalmente es más difícil conservarlo que ganarlo. Es difícil de recuperar.

- Intenta que las emociones no influyan en tu juicio. El miedo y la avaricia son posiblemente las peores emociones que hay que tener a la hora de comprar y vender acciones.

- Recuerda trabajar en el interés compuesto. Por ejemplo, si puedes ganar un 12% al año y reinvertir el dinero, doblarás tu dinero en 6 años, sin contar con los impuestos. Recuerda la regla del 72, divide tu rentabilidad entre 72 y verás el número de años que necesitarás para doblar tu dinero.

- Escoge mejores acciones que bonos. Los bonos limitarán tus ganancias y la inflación reducirá tu poder adquisitivo.

- Ten cuidado con el apalancamiento. Puede ir en tu contra.

CHARLIE MUNGER
(1924- ...)

Charles Thomas Munger es un inversor americano, hombre de negocios y filántropo. Es vicepresidente de **Berkshire Hathaway**, el conglomerado que controla Warren Buffett.

Mano derecha de Warren Buffet, posee una mente brillante que nos deleita con su aguda inteligencia y brillantez intelectual.

Sus frases famosas:

- "La gente subestima la importancia de unas pocas ideas simples. Las ideas simples realmente funcionan."

- "Al igual que Warren Buffett, tenía una enorme motivación por ser millonario. Pero no para comprarme Ferraris o mansiones, sino para alcanzar la libertad financiera. La quería desesperadamente."

- "No puedo darte fórmulas para calcular el valor intrínseco porque no uso ni una. Si quieres fórmulas ve a la universidad. Allí te enseñarán un montón de fórmulas que no funcionan."

- "En toda mi vida, no he conocido gente sabía que no leyera todo el tiempo. Ninguna, cero. Te sorprendería lo mucho que lee Warren y lo mucho que leo yo. Mis hijos se ríen de mí. Creen que soy un libro con un par de piernas que sobresalen."

- "Toda inversión inteligente es value investing, adquirir más de lo que estás pagando. Usted debe valorar el negocio con el fin de valorar las acciones."

- "Recuerde que la reputación y la integridad son sus activos más valiosos y se pueden perder en un instante."

- "Evite trabajar directamente bajo alguien que no admiras y no quieras ser como él. "

- "Alguien siempre se estará enriqueciendo más rápido que tú. Esto no es una tragedia.

- La diferencia entre un buen negocio y uno malo es que el bueno suele tener que enfrentarse a decisiones fáciles y el malo suele tener que enfrentarse a decisiones dolorosas. "

- "La beta y la teoría moderna de carteras no tienen sentido para mí. "

- "La idea del margen de seguridad, el precepto de Graham nunca quedará obsoleta. La idea de hacer que el mercado sea tu sirviente nunca quedará obsoleta. La idea de ser objetivo e imperturbable nunca quedará obsoleta. Por lo tanto, Graham tuvo muchas ideas maravillosas."

- "Warren Buffett y yo insistimos en tener mucho tiempo disponible cada día para simplemente sentarnos y pensar. Esto es muy poco común en la cultura empresarial americana. Leemos y pensamos."

- "No hay mejor profesor que la historia para determinar el futuro...hay respuestas que valen billones en libros de historia de 30 dólares."

- "Aprendemos, modificamos o destruimos ideas al mismo tiempo. La destrucción rápida de tus ideas cuando es necesario es una de las cualidades más valiosas que puedes aprender. Debes forzarte a ti mismo a considerar los argumentos de la otra parte."

- "¿Cuál es el secreto del éxito? Ser racional."

- "La gente calcula demasiado y piensa muy poco."

- "Vete a la cama más sabio de lo que te has levantado."

- "Un montón de gente con alto cociente intelectual son terribles inversores porque tienen mal temperamento. Ésta es la razón por la que decimos que tener cierto tipo de temperamento es más importante que la inteligencia. Necesitas mantener tus emociones irracionales bajo control. Necesitas paciencia y disciplina y la habilidad de soportar pérdidas y la adversidad sin volverte loco. Necesitas la habilidad de no volverte loco por un éxito extremo."

- Trata de pasar todos los días intentando ser un poco más sabio de lo que eras cuando despertaste.

- Y es que cuando se habla de invertir, la inversión más rentable es la que haces en ti mismo. en tu preparación. Ningún piloto, por muy sabio que sea y por mucha experiencia y talento que tenga, no usa un sistema de verificación

- Toda inversión inteligente consiste en invertir en valor. Adquirir más de lo que estás pagando. Debes valorar el negocio para valorar la acción.

JOHN BOGLE
(1929 - 2019)

John Clifton "Jack" Bogle. Economista, financiero e inversor, magnate de negocios, escritor y filántropo estadounidense.

Fue el fundador de **Vanguard Group**, el cual es uno de los mayores gestores de fondos del Mundo.

Es uno de los responsables de la inversión indexada.

Sus frases célebres:

- "El tiempo es tu amigo, el impulso es tu enemigo. La paciencia es el don más importante del inversor. Llénate de ella, toma ventaja del interés compuesto y no te dejes seducir por los cantos de sirena del mercado "

- "Olvídese de la aguja, compre el pajar. Compre todo el mercado y puede eliminar el riesgo de acciones, el riesgo de estilo y el riesgo gestor. Sus probabilidades de encontrar la próxima Apple son escasos."

- "El secreto para invertir es que no hay secreto. Cuando usted es dueño de todo el mercado de valores a través de un amplio fondo índice de la bolsa con una asignación adecuada y un fondo índice de bonos mundiales, usted tiene la estrategia óptima de inversión."

- "Aprende cada día. Pero sobre todo aprende de la experiencia de los demás. ¡Es más barato!"

- "Nunca encontrarás a un gestor de fondos que venza repetidamente al mercado. Por eso es mejor invertir en un fondo indexado que te permita obtener los retornos del mercado pagando menos comisiones."

- "El tiempo es tu amigo, las emociones, tus enemigas."

- "Los dos grandes enemigos de los inversores de fondos son los costes y las emociones."

- "Uno de los principales errores al invertir se produce cuando creemos que el mercado siempre subirá, si lo vemos subir, o siempre bajará, si lo vemos caer. Los movimientos siempre son temporales, nada es para siempre."

- "Ningún inversor debería tener resultados inferiores a los de un fondo indexado."

- "El mercado y todo lo que le rodea es una gran distracción para los inversores."

- "Invertir no es tan difícil como parece. El éxito consiste en hacer unas pocas cosas bien y evitar los errores graves."

- "El mayor enemigo de un buen plan es soñar con el plan perfecto. Quédese con el plan bueno."

- "Si usted puede tener problemas de sueño, de salud, de imagen por tener unas pérdidas del 20% en el mercado de valores, quizás la inversión en bolsa no sea para usted"

WARREN BUFFET
(1930 - ...)

Warren Buffett, conocido como el "Oráculo de Omaha "nació el 30 de agosto de 1930. Es un empresario e inversor estadounidense. Está considerado como uno de los más grandes inversores del mundo. Fanático de la capitalización compuesta ha amasado una de las mayores fortunas al frente de Berkshire Hathaway.

Adepto a la **inversión en valor**, lleva un estilo de vida austero, a pesar de su inmensa riqueza. Prueba de ello es que vive en la misma casa, en el centro de Omaha, que compró en 1958 por US$31 500.

No ha escrito ningún libro, aunque muchos libros llevan en su título el nombre de Buffett e intentan analizar sus estrategias a la hora de invertir, como su predilección por empresas con sólidos **fundamentales** y su visión a largo plazo.

Sus frases famosas

- La primera regla en los mercados es no perder dinero y la segunda, no olvidar la primera regla.

- La capacidad de decir "no" es una enorme ventaja para un inversor.

- El riesgo proviene de no saber lo que se está haciendo.

- Mi periodo preferido para conservar una acción es para siempre.

- La razón más tonta del mundo para comprar una acción es que está subiendo.

- El verdadero inversor es aquel que desea que las acciones que lleva de una empresa bajen, para poder comprarlas más baratas.

- A menos que puedas ver tus acciones caer un 50% sin que te cause un ataque de pánico, no deberías invertir en el mercado bursátil.

- Únicamente compra aquellas acciones que puedas mantener en tu portafolio despreocupadamente, así el mercado lo cerraran por 10 años.

- Sea temeroso cuando otros son codiciosos, y sólo codicioso cuando otros son temerosos.

- El tiempo es amigo de los buenos negocios.

- La Bolsa está diseñada para transferir el dinero de los activos a los pacientes.

- A corto plazo el mercado es una máquina de botar. Pero a largo plazo es una máquina de pesar.

- Soy mejor inversor porque soy un hombre de negocios, y soy mejor hombre de negocios porque soy inversor.

- Trato de comprar acciones en los negocios que son tan maravillosos que un tonto podría manejarlos. Tarde o temprano uno lo hará

- Un inversor debería actuar como si tuviera una tarjeta con sólo 20 decisiones (de compra) para tomar a lo largo de su vida

- Los mercados financieros están diseñados para transferir dinero del impaciente al paciente.

- Invertir es como hacer dieta. Es simple pero no fácil. Todo el mundo sabe lo que tiene que hacer (comer menos y hacer más ejercicio). Nada podría ser más simple, pero pocas cosas son tan difíciles en un mundo lleno de chocolate y Cheetos

- Lo que aprendemos de la historia es que las personas no aprenden de la historia.

- Si no encuentras una forma de hacer dinero mientras duermes estarás condenado a trabajar hasta el resto de tus días.

- El éxito en la inversión lleva tiempo, disciplina y paciencia. No importa lo grande que sea el talento o el esfuerzo, algunas cosas sólo toman tiempo: no se puede producir un bebé en un mes por dejar a nueve mujeres embarazadas.
- Recuerde que el mercado de valores es maniacodepresivo.

- "Gran parte del éxito se puede atribuir a la inactividad. La mayoría de los inversores no pueden resistirse a la tentación de comprar y de vender constantemente."

- "Mientras más absurdo sea el comportamiento del mercado mejor será la oportunidad para el inversor metódico."

- "El letargo que raya en la holgazanería sigue siendo la piedra angular de nuestro estilo inversor."

- "Es mucho mejor comprar una compañía fantástica a un precio justo que una compañía normal a un precio fantástico."

- "No has de ser un ingeniero espacial. La inversión no es un juego en el que el tipo con un coeficiente intelectual de 160 bate a aquel de coeficiente 130."

- "Después de todo, sólo averiguas quién está nadando desnudo cuando se retira la marea."

- "El precio es lo que pagas. El valor es lo que recibes"

- "Una diversificación amplia sólo es necesaria cuando el inversor no entiende lo que está haciendo"

- "Si los mercados fueran eficientes, yo estaría pidiendo caridad en la calle"

- "El verdadero inversor es aquel que desea que las acciones que lleva de una empresa bajen, para poder comprarlas más baratas"

- "Usted ni tiene razón ni se equivoca porque la muchedumbre discrepe de usted. Usted tiene razón porque sus datos y razonamientos son correctos"

- "Nunca invierta en negocios que usted no pueda entender"

- "No intente predecir la dirección del mercado de valores, de la economía, de los tipos de interés o de las elecciones"

- "Compre compañías con buen historial de beneficios y con una posición dominante en el negocio"

- "El optimismo es el enemigo del comprador racional"

- "Las oscilaciones salvajes en los precios en parte tienen más que ver con el comportamiento lemmings de los inversores institucionales que con los resultados obtenidos por la compañía"

- "Un inversor necesita hacer muy pocas cosas bien si evita grandes errores. No es necesario hacer cosas extraordinarias para obtener resultados extraordinarios"

- "Céntrese en el retorno de la inversión, no en ganancias por acción"

- "No tome los resultados anuales demasiado seriamente. En su lugar céntrese en promedios de 4 o 5 años"

- "Calcule las 'ganancias del dueño' para conseguir una reflexión verdadera del valor"

- "Busque compañías con altos márgenes de beneficio"

- "Invierta siempre para el largo plazo"

- "El consejo de que 'usted nunca quiebra tomando un beneficio' es absurdo"

- "¿Tiene el negocio perspectivas favorables a largo plazo? ¿El negocio tiene una historia de funcionamiento constante?"

- "Compre un negocio, no alquile la acción"

- "Cuesta 20 años construir una reputación y 5 minutos destruirla. Si piensas sobre ello, harás las cosas de manera diferente."

- "En el mundo de los negocios, el espejo retrovisor está siempre más claro que el parabrisas."

- "La inversión más importante que puedes hacer es en uno mismo."

- "Sé un analista de negocios no un analista de mercado. Ni un analista macroeconómico y tampoco, un analista de valores "

- "Soy un 15% Fisher y un 85% Graham".

- "Debería invertir como los matrimonios católicos: para toda la vida"

- "El idioma de los negocios es la contabilidad"

- "Esa persona sentada a la sombra lo puede hacer porque hace mucho alguien plantó un árbol"

- "Cuando en el mercado de valores están todos felizmente de acuerdo, el precio se dispara"

- Se requiere una amplia diversificación cuando los inversores no saben lo que están haciendo.

GEORGE SOROS
(1930 - ...)

George Soros es un magnate e inversor financiero húngaro de origen judío. No tuvo una infancia fácil, su padre tuvo que organizar un complicado esquema para ocultar la identidad de toda la familia y de otros judíos, lo cual les permitió sobrevivir al **Holocausto**.

Es famoso por haber apostado contra el Banco de Inglaterra y haberle ganarle la partida. En un sólo día consiguió ganar 1.000 millones de dólares haciendo tambalear a la libra esterlina.

Es presidente de la **Open Society Foundations**, una de las organizaciones que canalizan los fondos donados por Soros para diferentes causas, causas relacionadas con la educación, la salud pública y los derechos

Sus frases célebres:

- "Sólo soy rico porque sé cuando me equivoco. Básicamente he sobrevivido reconociendo y asumiendo mis errores.

- "No se trata de saber si tienes razón o no, sino cuánto dinero ganas cuando tienes razón y cuánto pierdes cuando te equivocas."

- "Los mercados están constantemente en un estado de incertidumbre y cambio, y el dinero se gana descontando lo obvio y apostando por lo inesperado."

- "Las burbujas del mercado de valores no crecen de la nada. Tienen una base sólida en la realidad, pero la realidad está distorsionada por un malentendido".

- Lo importante no es que te equivoques o que aciertes, sino que las pérdidas que obtengas cuando te equivoques sean ampliamente compensadas con los beneficios que obtengas cuando aciertes

- Los mercados financieros son generalmente impredecibles, entonces, uno debe tener diferentes escenarios. La idea de que se puede predecir lo que va a suceder va en contra de mi manera de ver los mercados."

- "Mientras peor está la situación menos se requiere para una mejora, y mayor el potencial de ganancias."

- "Si invertir es entretenido, si te estás divirtiendo, probablemente no estés ganando dinero. Las buenas inversiones son aburridas."

- "Tomar una decisión de inversión es como formular una hipótesis científica y someterla luego a una prueba práctica. La principal diferencia es que la hipótesis que da sentido a una idea de inversión tiene como objetivo ganar dinero, no establecer una generalización universalmente válida."

- "El problema con los inversionistas institucionales es que su retorno es evaluado en función a sus pares, no en base a una medida absoluta. Esto los convierte en

- seguidores de tendencia por definición."

- "Todas las burbujas comienzan con una tendencia que puede observarse en la realidad y una confusión al respecto de esa tendencia. Los dos elementos interactúan en forma reflexiva."

- El problema del inversor no es lo que no sabe, sino lo que cree que sabe, aun estando equivocado.

JOHN NEFF
(1931 – 2019)

John B. Neff, fue un inversor, administrador de fondos mutuos y filántropo estadounidense. Se destacó por sus estilos de inversión contrarios y de valor , así como por dirigir el Fondo Windsor de Vanguard .

Durante 31 años obtuvo una rentabilidad media anual de un 13,7%

Sus frases célebres:

- "No es siempre fácil invertir en lo que no es popular, pero es la forma de obtener rendimientos sobresalientes".

- Las acciones exitosas no le dicen cuándo vender. Cuando tenga ganas de presumir, probablemente sea hora de vender.

- Nunca compré una acción a menos que, en mi opinión, estuviera en oferta.

- No quiero muchas buenas inversiones; Quiero algunos sobresalientes.

- El éxito de la inversión no requiere acciones glamorosas o mercados alcistas.

- Las acciones de crecimiento de marca suelen tener las relaciones p / e más altas. El aumento de precios atrae la atención y viceversa, pero solo hasta cierto punto. Eventualmente, su tasa de crecimiento puede disminuir a medida que los resultados vuelvan a la normalidad. Quizás no en todos los casos, pero lo suficiente para hacer una apuesta a largo plazo. En pocas palabras: no me gustaría quedar atrapado en un apuro por la salida, y mucho menos quedarme atrás. Solo cuando las acciones de gran crecimiento caen en la basura de vez en cuando, me inclino a recuperarlas, e incluso entonces, solo con moderación.

- No leo, ni mucho menos sigo, las valoraciones o predicciones. Estudio los números.

- Compra cañones y vende trompetas.

DAVID DREMAN
(1936 - ...)

David Dreman nació en Winnipeg (Canadá), es presidente y jefe de inversiones de Dreman Value Management, empresa que gestiona fondos de inversión, fondos de pensiones y dinero de grandes patrimonios.

Inversor no tan reconocido por el público, tuvo una influencia considerable en los años ochenta y noventa del siglo pasado. En 1977 lanzó su propio fondo de inversión obteniendo durante 11 años, obtuvo una rentabilidad media anual de un 16,6%.

Su enfoque centrado en la **inversión en valor** y en una actitud escéptica siguen siendo buenas herramientas para cualquier inversor

Sus frases célebres:

- Las sorpresas positivas y negativas afectan a las "mejores" y "peores" acciones de forma diametralmente opuesta.

- No uses estrategias de "market timing" o análisis técnico. Estas estrategias sólo te harán gastar dinero.

- Los analistas son siempre excesivamente optimistas.

- Los expertos se equivocan a menudo, a veces de forma notoria.

- La volatilidad no implica riesgo. Evitad consejos de inversión basados en la volatilidad.
- La paciencia es un bien de inversión crucial pero escasa.

- La psicología es probablemente el factor más importante del mercado y uno de los menos comprendidos.

- La experiencia nos enseña que cuando "todos" llegan a la misma conclusión, esa conclusión es casi siempre incorrecta.

- Si tiene buenas acciones y las conoce realmente, ganará dinero si tiene paciencia durante tres años o más.

- Compro acciones cuando están maltratadas. Soy estricto con mi disciplina. Siempre compro acciones con una relación precio-beneficio baja, una relación precio-valor en libros baja y un rendimiento superior al promedio. Estudios académicos han demostrado que una estrategia de compra de acciones desfavorecidas con ratios bajos de P / U, precio contable y precio a flujo de efectivo supera al mercado de manera bastante consistente durante largos períodos de tiempo.

- Invertimos en empresas infravaloradas que exhiben fundamentos sólidos, rendimientos de dividendos superiores a los del mercado y un crecimiento histórico de las ganancias, que según nuestro análisis persistirá. Nuestra estrategia consiste en poseer empresas sólidas y fundamentalmente sólidas y evitar acciones especulativas o posibles quiebras.

- Nadie le gana al mercado, dicen. Excepto para aquellos de nosotros que lo hacemos.

MARTIN ZWEIG
(1942 – 2013)

Martin Edward Zweig fue un estadounidende inversor, acesor de inversiones y analista financiero.

Su metodología de inversión particular se basó en seleccionar acciones de crecimiento que también tienen ciertas características de valor, a través de un sistema que utiliza tanto el análisis fundamental como la sincronización del mercado.

Obtuvo durante 15 años, una rentabilidad media anual de un 15,9%

Sus frases célebres:

- La tendencia es tu amiga.

- El éxito significa obtener beneficios y evitar pérdidas.

- La paciencia es uno de los atributos más valiosos a la hora de invertir.

- Está bien estar equivocado; es imperdonable quedarse equivocado.

- Mido lo que está pasando y me adapto a ello. Trato de sacar mi ego del camino. El mercado es más inteligente que yo, así que me doblego.

- La idea es comprar cuando la probabilidad de que el mercado avance sea mayor.

- Cerca de la cima del mercado, los inversores son extraordinariamente optimistas porque han visto precios en su mayoría más altos durante uno o dos años. Las liquidaciones observadas durante ese lapso fueron generalmente breves. Incluso cuando fueron severos, el mercado se recuperó rápidamente y siempre subió a niveles más elevados. En la cima, el optimismo es el rey, la especulación se está volviendo loca, las acciones tienen altas relaciones precio / ganancias y la liquidez se ha evaporado. Un pequeño aumento en las tasas de interés puede fácilmente ser el catalizador para desencadenar un mercado bajista en ese momento.

- Demasiadas personas tienden a redimir sus ganancias demasiado rápido. En un enorme mercado alcista, terminan con ganancias insignificantes, solo para ver cómo se disparan sus antiguas participaciones. Eso generalmente los lleva a cometer errores más tarde cuando, creyendo que el mercado les debe algo de dinero, compran en el momento equivocado a niveles mucho más altos.

PETER LYNCH
(1944 - ...)

Peter Lynch es un empresario e inversor estadounidense. Gestionó el fondo de inversión Magellan en Fidelity Investments convirtiéndolo en el fondo más rentable del mundo, durante 13 años, entre 1977 y 1990 consiguiendo una rentabilidad anualizada del 29,2 %.

Son muy conocidos y reconocidos sus libros **un paso por delante de Wall Street** y **Batiendo a Wall Street**.

Sus frases famosas:

- "Se puede perder dinero a corto plazo, pero necesitas del largo plazo para ganar dinero"

- "La mejor empresa para comprar puede ser alguna que ya tienes en cartera"

- "Excepto en casos de grandes sorpresas, las acciones son bastante predecibles en períodos de veinte años. En cuanto a si van a subir o bajar en los próximos dos o tres años, es lo mismo que arrojar una moneda al aire".

- "Poseer acciones es como tener niños. No inviertas en más de las que puedes controlar."

- "Invierte en negocios que hasta un tonto podría dirigir. Porque más pronto que tarde uno acabará haciéndolo."

- "Las empresas sin deuda no puede quebrar"

- "Invierte en empresas sencillas, sin brillo, mundanas, al margen de las modas y que no hayan llamado la atención de Wall Street."

- "No sé si los próximos 1.000 puntos del Dow Jones serán hacia arriba o hacia abajo, pero estoy seguro de que los próximos 10.000 serán hacia arriba"

- "El destino de un inversor lo marca su estómago, no su cerebro"

- "No siga mis pasos porque aún en el caso de que acierte al comprar usted no sabrá cuándo vendo"

- "La clave para ganar dinero con las acciones es no tener miedo".

- "Es importante aprender que existe una empresa detrás de cada acción, y sólo hay una razón real por la cual las acciones suben. Las compañías pasan de una mala performance a una buena, o las pequeñas crecen para convertirse en grandes".

- "Si no analizas las empresas, tienes las mismas posibilidades de éxito que un jugador de póker apostando sin mirar las cartas".

- "Invertir es un arte, no una ciencia. Las personas que tienden a cuantificar todo rígidamente están en desventaja".

- "Nunca inviertas en una idea que no puedas ilustrar con un crayón (tiza o barra de cera)".

- "La mejor empresa para comprar puede ser alguna que ya tienes en cartera".

- "Si te gusta la tienda, probablemente te va a gustar la acción".

- "Invertir sin investigar es como jugar al póker sin mirar nunca las cartas"

- "Siempre que inviertes en una compañía, estás buscando que su capitalización suba. Esto no puede pasar a no ser que haya otros compradores que paguen un precio mayor por sus acciones, haciendo que tu inversión se incremente."

- "Conoce en lo que inviertes, y por qué."

- "Cuando vendes en momentos de desesperación, siempre vendes barato."

- "Una persona que posee una propiedad y tiene una participación en la empresa probablemente trabajará más duro, se sentirá más feliz y hará un mejor trabajo que otra que no tiene nada."

- «Desconfíe de las empresas que crecen entre un 50 % y un 100 % anual."

- «Que a una empresa le vaya mal no significa que no le pueda ir peor.»

- Los inversores han perdido mucho más dinero al prepararse para las correcciones, o al intentar anticipar las correcciones, que lo que se ha perdido en las correcciones mismas.

- Dedique al menos tanto tiempo a investigar una acción como a elegir un refrigerador.

- La lista de cualidades (que un inversionista debe tener) incluye paciencia, autosuficiencia, sentido común, tolerancia al dolor, mentalidad abierta, desapego, perseverancia, humildad, flexibilidad, disposición para hacer una investigación independiente, una disposición equitativa para admitir errores. y la capacidad de ignorar el pánico generalizado.

- No debes comprar una acción porque sea barata sino porque sabes mucho sobre ella.

- Cuando las acciones son atractivas, las compra. Claro, pueden bajar. Compré acciones a $ 12 que pasaron a $ 2, pero luego pasaron a $ 30. Simplemente no sabes cuándo puedes encontrar el fondo.

- Nunca invierta en una empresa sin comprender sus finanzas. Las mayores pérdidas en acciones provienen de empresas con balances deficientes.

- El hecho de que compre una acción y suba no significa que tenga razón. El hecho de que compre una acción y baje no significa que esté equivocado.

- A menudo, no existe una correlación entre el éxito de las operaciones de una empresa y el éxito de sus acciones durante unos meses o incluso unos años. A largo plazo, existe una correlación del 100 por ciento entre el éxito de la empresa y el éxito de sus acciones. Esta disparidad es la clave para ganar dinero; vale la pena ser paciente y poseer empresas exitosas.

- El mercado de valores no es realmente una apuesta, siempre y cuando elija buenas empresas que crea que les irá bien, y no solo por el precio de las acciones.

- Una clave importante para invertir es recordar que las acciones no son billetes de lotería.

- Si dedica más de 13 minutos a analizar las previsiones económicas y de mercado, ha perdido 10 minutos

- Si no encuentra ninguna empresa que le parezca atractiva, ponga su dinero en el banco hasta que encuentre alguna.

- Una caída de precio en una buena acción es solo una tragedia si vende a ese precio y nunca compra más. Para mí, una bajada de precios es una oportunidad para acumular gangas de entre sus peores resultados y sus rezagados que se muestran prometedores. Si no puede convencerse a sí mismo "Cuando estoy abajo del 25 por ciento, soy un comprador" y desterrar para siempre el pensamiento fatal "Cuando estoy abajo del 25 por ciento, soy un vendedor", entonces nunca obtendrá una ganancia decente en acciones.

- Lo que hace que las acciones sean valiosas a largo plazo no es el mercado. Es la rentabilidad de las acciones de las empresas que posee. A medida que aumentan las ganancias corporativas, las corporaciones se vuelven más valiosas y, tarde o temprano, sus acciones se venderán a un precio más alto.

- Durante la Fiebre del Oro, la mayoría de los mineros perdieron dinero, pero las personas que les vendieron picos, palas, tiendas de campaña y jeans (Levi Strauss) obtuvieron buenas ganancias.

- Los inversores promedio pueden convertirse en expertos en su propio campo y pueden elegir acciones ganadoras con la misma eficacia que los profesionales de Wall

- Street con solo realizar una pequeña investigación.

- El típico gran ganador en la cartera de Lynch generalmente tarda de tres a diez años en desarrollarse.

- La Regla del 72 es útil para determinar qué tan rápido crecerá el dinero. Tome el rendimiento anual de cualquier inversión, expresado como un porcentaje, y divídalo en 72. El resultado es la cantidad de años que le llevará duplicar su dinero.

- La verdadera clave para ganar dinero con acciones es no asustarse.

- Cuando la gerencia posee acciones, recompensar a los accionistas se convierte en la primera prioridad, mientras que cuando la gerencia simplemente cobra un cheque de pago, aumentar los salarios se convierte en la primera prioridad.

- Si está preparado para invertir en una empresa, entonces debería poder explicar por qué en un lenguaje sencillo que un alumno de quinto grado pueda entender, y lo suficientemente rápido para que el alumno de quinto grado no se aburra.

- Cuando miro hacia atrás ahora, es obvio que estudiar historia y filosofía fue una preparación mucho mejor para el mercado de valores que, digamos, estudiar estadística.

- Si puede encontrar una empresa que pueda salirse con la suya aumentando los precios año tras año sin perder clientes (un producto adictivo como los cigarrillos llena la cartera), tiene una excelente inversión.

- No tiene sentido diversificarse en empresas desconocidas solo por el bien de la diversidad. Una diversidad tonta es el duende de los pequeños inversores. Dicho esto, no es seguro poseer solo una acción, porque a pesar de sus mejores esfuerzos, la que elija podría ser víctima de circunstancias imprevistas.

- En carteras pequeñas, me sentiría cómodo poseyendo entre tres y diez acciones.

- Los fondos mutuos de renta variable son la solución perfecta para las personas que desean poseer.

- acciones sin hacer su propia investigación.

- Si una imagen vale más que mil palabras, en los negocios, también lo es un número.

BILL H. GROSS
(1944- ...)

William Hunt Gross es un inversor, administrador de fondos y filántropo estadounidense.

Fue cofundador de PIMCO, y uno de los mayores gestores de activos de inversión globales de renta fija del mundo

Apodado el "rey de los bonos", su inversión se centraba principalmente en **bonos** e inversiones de **renta fija.**

Sus frases famosas:

- "Tanto desde el punto de vista de las acciones como de los bonos, un inversor quiere ir donde está el crecimiento"

- "Los inversores de bonos son los vampiros del mundo de la inversión. Aman la decadencia, la recesión, todo lo que conduce a una baja inflación y la protección del valor real de sus préstamos"

- "Debes hacer grandes apuestas cuando las probabilidades estén a tu favor, no lo suficientemente grandes como para arruinarte, pero lo suficientemente grandes como para marcar una diferencia".

ROBERT KIYOSAKI
(1947- ...)

Robert Toru Kiyosaki, nacido el 8 de abril de 1947 es un empresario, inversor, escritor y **conferenciante motivacional** estadounidense de origen japonés.

Es mundialmente conocido por sus **libros "Padre Rico Padre Pobre"**, "El cuadrante del flujo del dinero" o "Retírate Joven y Rico".

Es uno de los principales mentores del mundo de "la libertad financiera" y con sus libros enseña a las personas a hacerse millonarias

Sus frases famosas:

- «La razón principal por la cual las personas luchan por salir adelante es porque, aunque han pasado años en los colegios, no aprendieron nada acerca del dinero. El resultado es que aprenden a trabajar por el dinero... pero nunca a tener dinero trabajando para ellos».

- Los ganadores no tienen miedo de perder. Los perdedores sí. El fracaso forma parte del proceso de éxito. La gente que evita el fracaso también evita el éxito.

- La principal causa de las dificultades financieras son el miedo y la ignorancia, no la economía o el gobierno de los ricos. Los miedos y la ignorancia auto infringidos mantienen atrapada a la gente.

- Una diferencia importante es que los ricos compran los lujos al final, mientras que los pobres y la clase media tienden a comprar los lujos primero.

- No necesitas ser un científico para ser rico. No necesitas una educación universitaria, un empleo bien pagado o dinero alguno para comenzar. Todo lo que tienes que hacer es saber qué quieres, tener un plan y seguirlo.

- "Si quieres que tus hijos tengan una ventaja en la vida enséñales educación financiera. Muéstrales las verdaderas reglas del dinero y los impuestos."

- "El activo más poderoso que tenemos es nuestra mente. Entrenada de la forma correcta, es una máquina generadora de riqueza."

- "Nunca digas que no puedes permitirte algo. Esa es la aptitud de un hombre pobre. Pregúntate cómo permitírtelo."

- "Mantén tus activos bajo mínimos, reduce los pasivos y, con mucha disciplina, ve construyendo una base de activos sólida."

- "Los ganadores no tienen miedo de perder. Los perdedores sí. El fracaso forma parte del proceso de éxito. La gente que evita el fracaso también evita el éxito."

- "La razón principal por la que las personas tienen dificultades financieras es porque aceptan consejos financieros de personas pobres o de vendedores."

- "Las oportunidades se repiten porque la gente repite los mismos errores."

- "En mi opinión, una de las razones por las que millones de personas pierden billones de dólares es que invirtieron su dinero, pero no estuvieron dispuestos a invertir su tiempo."

- "La comida de baja calidad afecta a nuestra salud, y la información de baja calidad, a nuestra riqueza."

- "La principal diferencia entre una persona rica y una persona pobre es la manera en que manejan el miedo."

- "El rico se enfoca en su columna de activos, mientras que todos los demás se enfocan en sus columnas de ingresos."

- "La principal causa de las dificultades financieras son el miedo y la ignorancia, no la economía o el gobierno de los ricos. Los miedos y la ignorancia auto infringidos mantienen atrapada a la gente."

- "Sólo tienes un cierto número de horas en un día y un límite para las que puedes trabajar. Entonces, ¿por qué trabajar duramente para conseguir dinero? Aprende a hacer que el dinero y la gente trabajen para ti y serás libre para hacer las cosas importantes."

- "No necesitas ser un científico para ser rico. No necesitas una educación universitaria, un empleo bien pagado o dinero alguno para comenzar. Todo lo que

- tienes que hacer es saber qué quieres, tener un plan y seguirlo."

- "Tengo mucho dinero porque estuve dispuesto a cometer más errores que la mayoría de la gente y aprender de ellos. La mayoría de la gente no ha cometido suficientes errores o continúa cometiendo los mismos errores una y otra vez. Sin errores y sin aprendizaje no hay magia en la vida."

- "La emoción de ganar debe de ser mayor al miedo de perder."

- "En la escuela nos enseñan que los errores son malos, y nos castigan por ellos. Sin embargo, si te fijas en la manera en la que los seres humanos están diseñados para aprender, verás que aprendemos cometiendo errores. Aprendemos a caminar tropezando. Si nunca nos hubiésemos caído, jamás habríamos aprendido a andar."

- "La clase media compra deudas, los Ricos activos… eso hace la diferencia."

PHIL TOWN
(1948 - ...)

Philip Bradley Town es un inversor estadounidense, **orador motivacional** y autor de dos libros sobre inversión financiera que fueron los más vendidos del New York Times. La filosofía de inversión que enseña se centra en cuatro principios clave: Significado, Foso, Gestión y Margen de Seguridad

Sus frases famosas:

- Cuando se trata de invertir, queremos que nuestro dinero crezca con las tasas de rentabilidad más altas y con el menor riesgo posible. Si bien no hay atajos para hacerse rico en bolsa, sí que hay formas inteligentes de hacerlo.

- Si compramos una empresa como si fuera una empresa y no una especulación de acciones, entonces se vuelve algo personal. Y yo quiero que sea personal.

RAY DALIO
(1949 - ...)

Raymond Thomas Dalio es un inversor neoyorquino, fundador y CEO de la firma BridgeWater Asociados, una de los hedge fund más grande del mundo por activos gestionados, administrador de fondos de cobertura y filántropo multimillonario.

Sus frases célebres:

- "El que vive junto a la bola de cristal comerá cristales rotos."

- "Sufrimiento + Reflexión = Progreso."

- "Por lo general, la escuela no prepara a los jóvenes para la vida real, a menos que se dediquen a seguir instrucciones y complacer a los demás. En mi opinión, es por eso por lo que tantos estudiantes que tienen éxito en la escuela fracasan en la vida".

- "Al controlar tus emociones empiezas a ver las cosas a un nivel superior."

- "El mayor error que cometen los inversores es creer que lo que sucedió en el pasado reciente es probable que persista. Asumen que algo que fue una buena inversión en el pasado reciente sigue siendo una buena inversión".

- "La calidad de nuestras vidas depende de la calidad de las decisiones que tomamos."

- "Creo que nada es cierto. Creo que lo mejor que podemos esperar es que sea altamente probable."

- "Funcione como una meritocracia de ideas, no como una jerarquía burocrática."

- "Aprendí que no hay nada que temer de la verdad."

- "Creo que tener preguntas es mejor que tener respuestas, porque estas conducen a un mayor aprendizaje."

- "No se preocupe por lucir bien, preocúpese por alcanzar sus metas."

- "Creo que los errores son algo bueno porque considero que la mayoría del aprendizaje proviene de cometer errores y reflexionar sobre ellos. Yo fallo todos los días y en todas partes."

- "La motivación por ser mejor debe ser mayor que la motivación por estar en lo cierto."

- "Creo que el dolor psicológico es necesario para ser más fuerte."

- "Mientras otras personas parecen creer que identificar nuestras propias debilidades es malo, yo creo que es algo bueno, porque es el primer paso en el descubrimiento sobre qué hacer con respecto a ellas y no permitir que interfieran en nuestro camino."

- "Creo que el deseo de evolucionar, es decir, de ser mejor, es probablemente la fuerza impulsora más penetrante de la humanidad."

- "La cualidad más importante que diferencia a las personas exitosas de las que no lo son es la capacidad de aprender y adaptarse."

- "Creo que probablemente puedas obtener en la vida lo que quieras, si puedes apartar tu ego y tener una aproximación sin excusas, con una mente abierta, con determinación y coraje hacia tus metas. Ten especialmente en cuenta que debes confiar en la ayuda de personas que son fuertes en áreas que eres débil."

- "Aprendí que el fracaso mayormente se debe a no aceptar y lidiar exitosamente con las realidades de la vida."

- "Aprendí que quiero que las personas con las que trato digan lo que realmente piensan y que escuchen lo que los otros responden, para de esa manera hallar lo que es cierto."

- "Aprendí que ser totalmente sincero, especialmente sobre los errores y las debilidades, conduce con mayor velocidad hacia el mejoramiento y hacia lo que uno desea."

- "Tampoco obtengo satisfacción ni me angustio por lo bueno o malo que soy. Me satisface o me angustia la velocidad a la cual estoy mejorando."

- "Enfrente con extrema apertura entre sí, la búsqueda de la excelencia. Yo quiero que Bridgewater sea una empresa en la cual las personas piensen de manera independiente y presenten sus mejores ideas."

- "...sea cauteloso con el exceso de confianza y siéntase cómodo con no saber."

- "Los errores son el camino hacia el progreso."

- "El éxito viene de saber lo que no sabes, no tanto de lo que sabes."

- "No seas perfeccionista, porque los perfeccionistas suelen gastar demasiado tiempo en pequeñas diferencias en detrimento de otras cosas más importantes. Sé un imperfeccionista efectivo."

- "El éxito se alcanza por personas que entienden profundamente la realidad y saben cómo usarla para conseguir lo que quieren. Lo contrario es también cierto: los idealistas que no conocen la realidad crean problemas, no progreso."

- "Creo que entender lo que es bueno se obtiene observando la forma en la que funciona el mundo y averiguando cómo operar en armonía con él para ayudar a que evolucione."

- "Sé consciente de lo que no sabes. Siéntete a gusto entendiendo tus errores y debilidades."

- "Para hacer dinero en los mercados, tienes que pensar diferente y ser humilde."

BILL GATES
(1955 - ...)

William Henry Gates III, conocido como Bill Gates, es un empresario, informático y filántropo estadounidense, conocido por haber creado y fundado junto con Paul Allen, la empresa **Microsoft**. También es conocido por haber creado también con Paul Allen, el sistema operativo para ordenadores más utilizado en el Mundo, el **Windows**.

Bill Gates dedica un 70 % de su tiempo a la **Fundación Bill y Melinda Gates** (la fundación privada de caridad más grande del mundo que entre sus objetivos tiene la Erradicación de la pobreza, la inversión en programas de educación y salud.) y el otro 30 % a la empresa.

Sus frases más conocidas:

- Si piensas que tu profesor es duro, espera a que tengas un jefe. Ese sí que no tendrá vocación de enseñanza ni la paciencia requerida.

- Al mundo no le importará tu autoestima. El mundo esperará que logres algo, independientemente de que te sientas bien o no contigo mismo.

- Mi ambición ha sido siempre hacer realizables los sueños.

- Si metes la pata no es culpa de tus padres ni de tus profesores, así que no lloriquees por tus errores y aprende de ellos.

- Está bien celebrar el éxito, pero es más importante prestar atención a las lecciones del fracaso.

- La vida no es justa, acostúmbrate a ello.

- Antes de que nacieras, tus padres no eran tan aburridos como ahora. Empezaron a serlo al pagar tus cuentas, limpiar tu ropa y escuchar tus quejas. Así que, antes de emprender tu lucha por las selvas vírgenes contaminadas por la generación de tus padres, inicia el camino limpiando las cosas de tu propia vida, empezando por tu habitación.

- Si no puedes con el enemigo... ¡Cómpralo!

- Decimos a nuestros empleados que, si nadie se ríe al menos de una de sus ideas, probablemente es que no están siendo lo suficientemente creativos.

- En la escuela puede haberse eliminado la diferencia entre ganadores y perdedores, pero en la vida real no. En la escuela te dan oportunidades para ir aprobando tus exámenes, para que tus tareas te resulten más fáciles y llevaderas. Esto no te ocurrirá en la vida real.

- El éxito es un pésimo maestro que seduce a la gente a pensar que no puede perder.

- No te compares con nadie en este mundo. Si lo haces, te estás insultando a ti mismo.

- Dedicarse a servir cervezas o llevar pizzas no te quita dignidad. Tus abuelos lo llamaban de otra forma: Oportunidad.

- Yo fallé en algunos exámenes, pero mi compañero pasó todo. Ahora él es un ingeniero de Microsoft y yo soy el dueño de Microsoft.

- No ganarás 5000 euros mensuales justo después de salir de la universidad, y no serás vicepresidente de nada hasta que, con tu esfuerzo, te hayas ganado ambos logros.

- Si quieres hacer algo grande en tu vida, debes recordar que la timidez está solo en la mente. Si piensas con timidez, tus actos serán similares. Pero si piensas con seguridad, actuaras de la misma forma. Por ello nunca dejes que la timidez conquiste tu mente.

- La vida real no se divide en semestres, no tendrá largas vacaciones de verano, de pascua, de navidad, del patrón del colegio, puentes, etc. y pocos jefes se interesarán en ayudarte a que te encuentres a ti mismo. Todo eso tendrás que hacerlo en tu tiempo libre.

- Si no puedes hacerlo bien, por lo menos que se vea bien.

- Y sobre todo ten en cuenta que "La información es poder".

- Tu naciste pobre...Eso no es tu culpa, pero si mueres pobre, eso sí es tu culpa...

- "Tu cliente más infeliz es tu mejor fuente de conocimiento y aprendizaje".

JOEL GREENBLATT
(1957 - ...)

Joel Greenblatt, estadounidense, profesor de la Universidad de Columbia y cofundador de Gotham Asset Management, administrador de fondos de cobertura, inversionista y escritor.

Al frente de Gotham Capital, obtuvo una rentabilidad anual compuesta del 40% durante el periodo 1985-2006

En su famoso libro "El pequeño libro que bate a los mercados", introduce una estrategia de inversión con su "**fórmula mágica**", que nos indica un método para determinar qué acciones comprar: "compañías baratas y buenas" con un alto rendimiento de ganancias y un alto rendimiento del capital invertido.

Sus frases famosas:

- "Elegir acciones individuales sin una idea de lo que estás buscando es como atravesar una fábrica de dinamita con una cerilla encendida. Puedes sobrevivir, pero sigues siendo un idiota"

- "Aunque en el corto plazo Mr. Market base los precios en las emociones, a largo plazo Mr. Market pone los precios según su valor"

- El secreto para invertir con éxito es descubrir el valor de algo, y luego pagar mucho menos por ello.

- Recuerde, es la calidad de sus ideas, no la cantidad, lo que resultará en grandes cantidades de dinero.

- Mientras más confianza tenga en cada una de mis selecciones de acciones, menos empresas necesito tener en mi cartera para sentirme cómodo.

- La inversión en valor no siempre funciona. El mercado no siempre está de acuerdo contigo. Con el tiempo, el valor es aproximadamente la forma en que el mercado valora las acciones, pero a corto plazo, que a veces puede ser de hasta dos o tres años, hay períodos en los que no funciona. Y eso es algo muy bueno. El hecho de que nuestro enfoque de valor no funcione durante períodos de tiempo es precisamente la razón por la que sigue funcionando a largo plazo.

- Averigüe cuánto vale algo y pague mucho menos.

- La forma en que ganamos dinero como grupo es que no pagamos mucho por nada y la mayoría de las acciones que compramos tienen expectativas bajas.

SETH KLARMAN
(1957 - ...)

Seth Andrew Klarman es un inversor estadounidense, administrador de fondos de cobertura y autor. Seguidor de la filosofía de inversión de Benjamin Graham, es conocido por comprar activos impopulares infravalorados, buscando un **margen de seguridad** y beneficiándose de cualquier subida de precio. Es un defensor de la **inversión en valor**.

Sus frases famosas:

- La gente debería ser muy escéptica con respecto a la capacidad de cualquier persona, incluida la suya, para predecir el futuro y, en cambio, seguir estrategias que puedan sobrevivir a lo que pueda ocurrir.

- La mayor ventaja que puede tener un inversor es una orientación a largo plazo.

- Al invertir, nunca está mal cambiar de opinión. Solo está mal cambiar de opinión y no hacer nada al respecto.

- El mercado de valores es la historia de los ciclos y del comportamiento humano que es responsable de reacciones exageradas en ambas direcciones.

- Debes comprar al bajar. Hay mucho más volumen al bajar que al subir, y mucha menos competencia entre los compradores. Casi siempre es mejor llegar demasiado temprano que demasiado tarde, pero debe estar preparado para rebajas de precios en lo que compra.

- Los inversionistas exitosos tienden a ser indiferentes, permitiendo que la codicia y el miedo de los demás jueguen en sus manos. Al tener confianza en su propio análisis y juicio, responden a las fuerzas del mercado no con una emoción ciega sino con una razón calculada. Los inversores exitosos, por ejemplo, demuestran cautela en los mercados espumosos y firme convicción en los que están en pánico. De hecho, la forma en que un inversor ve el mercado y sus fluctuaciones de precios es un factor clave en el éxito o fracaso de su inversión final.

- La paciencia y la disciplina pueden hacer que parezca tontamente fuera de contacto hasta que le hagan parecer prudente e incluso profético.

- Invertir es la intersección de la economía y la psicología.

- La inversión en valor es simple de entender, pero difícil de implementar. Los inversores de valor no son magos analíticos súper sofisticados que crean y aplican intrincados modelos informáticos para encontrar oportunidades atractivas o evaluar el valor subyacente. La parte difícil es la disciplina, la paciencia y el juicio. Los inversores necesitan disciplina para evitar los muchos lanzamientos poco atractivos que se realizan, paciencia para esperar el lanzamiento correcto y juicio para saber cuándo es el momento de hacer swing.

- La maravillosa frase de Graham es que un inversor solo necesita dos cosas: efectivo y coraje. Tener solo uno de ellos no es suficiente.

- La prevención de pérdidas debe ser la piedra angular de su filosofía de inversión.

- La inversión en valor es, en esencia, el matrimonio de una racha contraria y una calculadora.

- Vender, en particular, puede ser un desafío; muchos inversores se sienten tentados a volverse más optimistas cuando un valor está funcionando bien. Hay que resistir esta tentación; Dejando de lado las consideraciones fiscales, cuando un título alcanza la valoración total, ya no hay razón para poseerlo.

- En última instancia, nada debería ser más importante para los inversores que la capacidad de dormir profundamente por la noche.

- La inmensa mayoría de la gente se siente cómoda con el consenso, pero los inversores exitosos tienden a tener una inclinación contraria.

- A la larga, la multitud siempre se equivoca.

- Creo que los mercados nunca serán eficientes debido a la naturaleza humana.

- Todo lo que puede hacer un inversor es seguir un enfoque riguroso y disciplinado de manera constante; con el tiempo vendrán las devoluciones

- El riesgo no es inherente a una inversión; siempre es relativo al precio pagado. La incertidumbre no es lo mismo que el riesgo. De hecho, cuando una gran incertidumbre, como en el otoño de 2008, lleva los precios de los valores a niveles especialmente bajos, a menudo se convierten en inversiones menos riesgosas.

- Se logra un margen de seguridad cuando los valores se compran a precios suficientemente por debajo del valor subyacente como para permitir el error humano, la mala suerte o la volatilidad extrema en un mundo complejo, impredecible y que cambia rápidamente.

- Para un inversor de valor, las inversiones pueden ser de tres tipos: infravaloradas a un precio, justamente valoradas a otro precio y sobrevaloradas a un precio todavía más elevado. El objetivo es comprar el primero, evitar el segundo y vender el tercero.

- Nunca dejes de leer. La historia no se repite, pero rima.

- Somos grandes admiradores del miedo y, al invertir, claramente es mejor tener miedo de que lamentar.

- Los inversores de valor deben abandonar por completo un valor cuando alcance su valor total; poseer valores sobrevaluados es el reino de los especuladores.

- Mi opinión es que es mejor para un inversor saber mucho sobre unas pocas inversiones que saber un poco sobre cada una de las muchas participaciones. Es probable que la mejor idea de uno genere retornos más altos para un nivel de riesgo dado que la centésima o milésima mejor idea.

- Como han dicho Graham, Dodd y Buffett, siempre debes recordar que no tienes que hacer swing en cada lanzamiento. Puede esperar oportunidades que se ajusten a sus criterios y si no las encuentra, espere pacientemente. Decidir no dejarse llevar por el pánico sigue siendo una decisión.

- Una estrategia de valor es de poca utilidad para el inversor impaciente, ya que normalmente lleva tiempo dar sus frutos.

- Es fundamental contar con una estrategia antes de que surjan los problemas, precisamente porque nadie puede predecir con precisión la dirección futura del mercado de valores o la economía. La inversión en valor, la estrategia de comprar acciones con un descuento apreciable del valor de los negocios subyacentes es una estrategia que proporciona una hoja de ruta para navegar con éxito no solo en los buenos tiempos sino también en la agitación.

- Mantenga efectivo cuando las oportunidades no se presenten.

- Evitar pérdidas es la forma más segura de garantizar un resultado rentable.

- Casi todos los estallidos financieros se deben al apalancamiento.

- El éxito de la inversión no se puede capturar en una ecuación matemática o un programa de computadora.

- La mejor protección contra el riesgo es saber lo que está haciendo

- Curiosamente, hemos vencido al mercado bastante bien durante este período de tiempo, aunque nunca ha sido nuestro objetivo. Más bien, hemos intentado constantemente no perder dinero y, al hacerlo, no solo hemos protegido en el lado negativo, sino que también hemos obtenido un rendimiento superior al alza.

- Compramos esperando mantener un bono hasta el vencimiento y una acción para siempre.

- Como inversores de valor, nuestro negocio es comprar ofertas que la teoría del mercado financiero dice que no existen. Hemos entregado grandes rendimientos a nuestros clientes durante un cuarto de siglo: un dólar invertido al inicio en nuestro fondo más grande ahora vale más de 94 dólares, un rendimiento compuesto neto del 20%. Lo hemos logrado no incurriendo en un alto riesgo como sugiere la teoría financiera, sino evitando o cubriendo deliberadamente los riesgos que identificamos.

- La opinión predominante ha sido que el mercado obtendrá una alta tasa de rendimiento si el período de tenencia es lo suficientemente largo, pero el punto de entrada es lo que realmente importa.

- Los inversores de valor no invertirán en negocios que no puedan comprender fácilmente o que consideren excesivamente riesgosos. Por tanto, pocos inversores de valor poseerán acciones de empresas de tecnología. Muchos también evitan a los bancos comerciales, que consideran que tienen activos inanalizables, así como a las compañías de seguros de propiedad y accidentes, que tienen activos y pasivos inanalizables.

- El oro es único porque tiene el aspecto antiguo de ser visto como una reserva de valor. Sin embargo, sigue siendo una mercancía y no tiene valor tangible, por lo que diría que el oro es una especulación. Pero debido a mi temor acerca de la posible degradación del papel moneda y de que el papel moneda no sea una reserva de valor, quiero algo de exposición al oro.

- La inversión en valor es la disciplina de comprar acciones con un descuento significativo de sus valores subyacentes actuales y mantenerlas hasta que se obtenga una mayor parte de su valor. El elemento de una negociación es la clave del proceso.

- Solo hay algunas cosas que los inversores pueden hacer para contrarrestar el riesgo: diversificar adecuadamente, cubrir cuando sea apropiado e invertir con un margen de seguridad. Es precisamente porque no conocemos ni podemos conocer todos los riesgos de una inversión que nos esforzamos por invertir con descuento. El elemento de ganga ayuda a proporcionar un colchón para cuando las cosas van mal.

- Los costos y pasivos rara vez se exageran.

- Probablemente no elegiría cenar en un restaurante cuyo chef siempre comía en otro lugar. Yo como mi propia comida y no "ceno fuera" cuando se trata de invertir.

- Las recomendaciones de los analistas pueden no producir buenos resultados. En parte, esto se debe a la presión ejercida sobre estos analistas para recomendar con frecuencia en lugar de hacerlo con prudencia.

- Comprar es más fácil, vender es difícil; es difícil saber cuándo salir.

- Los inversores no suelen saber el motivo por el que se mueve la cotización.

TONY ROBBINS
(1960 - ...)

Anthony J. Robbins, es escritor de libros de **desarrollo personal**, finanzas personales y orador motivacional estadounidense.

Sus frases famosas:

- "Lo único que te impide conseguir lo que quieres es la historia que te cuentas a ti mismo"

- "No es lo que hacemos de vez en cuando lo que da forma a nuestras vidas, sino lo que hacemos constantemente"

- "Los líderes dedican el 5% de su tiempo al problema y el 95% a la solución. Identifica tus problemas, pero dales tu poder y energía a las soluciones"

- "Crea una visión y nunca dejes que el ambiente, las creencias de otras personas, o los límites de lo que se ha hecho en el pasado den forma a tus decisiones"

- "La mayoría de las personas sobrestiman lo que pueden lograr en un año y subestiman lo que pueden lograr en una década."

- "El único viaje imposible es el que nunca empiezas"

- "Son tus decisiones, no tus condiciones, las que determinan tu destino."

- "Las cosas no tienen significado. Nosotros asignamos significado a todo."

- "Todos los avances personales comienzan con un cambio en las creencias."

- "Eres el creador, no solo el administrador de tu vida"

- "Establecer metas es el primer paso para convertir lo invisible en visible "

JAMES O' SHAUGHNESSY
(1960 - ...)

James Patrick O'Shaughnessy es un inversor estadounidense y fundador, presidente y director ejecutivo de O'Shaughnessy Asset Management, LLC, una empresa de gestión de activos con sede en Stamford

Obtuvo durante 42 años, una rentabilidad media anual de un 17,1%

Sus frases famosas:

- No llegarás a ninguna parte comprando acciones solo porque tienen una gran historia

- El consejo número uno es que debe comenzar a ahorrar de inmediato.

- Las existencias cambian. Las industrias cambian. Pero las razones subyacentes por las que ciertas acciones son buenas inversiones siguen siendo las mismas. Sólo la plenitud del tiempo revela cuáles son los más sólidos.

- Las industrias que fabrican bienes y servicios que la gente tiene que comprar, independientemente de las circunstancias económicas, seguramente funcionarán bien independientemente de las condiciones económicas.

- En términos de pensar en las valoraciones del mercado, piense, ¿me importa? Mis metas son dentro de 10 o 20 años, no ahora. Si tiene objetivos a corto plazo, debe tener en cuenta que las valoraciones del mercado fluctúan enormemente.

- Continuamos aconsejando a los inversores que mantengan su compromiso con una perspectiva paciente y a largo plazo y que la mejor manera de hacerlo bien en acciones es utilizar una estrategia disciplinada y probada en el tiempo que tenga el beneficio de resultados probados empíricamente en una variedad de entornos de mercado.

JORDAN BELFORT
(1962 - ...)

Jordan Ross Belfort, nacido en el Bronx de Nueva York es un conferenciante y antiguo bróker. Es conocido por haber sido acusado y declarado culpable por manipulación del mercado de valores, lavado de dinero y otros delitos relacionados con las altas finanzas.

Ha escrito dos libros autobiográficos, **El lobo de Wall Street** (llevada al cine por el director Martin Scorsese) y Atrapando al lobo de Wall Street, traducidos a 18 idiomas y publicados en más de 40 países.

Fue encarcelado durante 22 meses condenado por **Pump and dump**, (practica que supone la inflación en el precio de una acción comprada barata, mediante la manipulación o falsificación de información, para venderla a un precio más alto) lo que se tradujo en una pérdida de 200 millones de dólares para sus inversores.

Actualmente da charlas y seminarios sobre la ética en los negocios y aprender de los errores que cometió en la década de los 90.

Frases célebres:

- "Si algo no te da ingresos, inspiración u orgasmos no debería de estar en tu vida."

- "No importa lo que te haya ocurrido en tu pasado. No eres tu pasado, eres los recursos y las capacidades que obtuviste de él. Y esa es la base de todo cambio"

- "No hay nobleza en la pobreza."

- "Creo en la inmersión total. Si quieres ser rico debes programar tu mente para ser rico. Tienes que desaprender todos aquellos comportamientos que te hacen pobre y reemplazarlos por nuevos pensamientos. Pensamientos de riqueza."

- "Cuando vives con unos pobres estándares de vida, haces daño a cualquier persona que se cruza en tu camino. Especialmente aquellos que te quieren."

- El dinero no solo te compra una vida mejor, mejor comida, mejores autos, mejor coño, también te convierte en una mejor persona.

FRANCISCO GARCÍA PARAMÉS (1963- ...)

Francisco García Paramés, es un gestor de inversiones español.

Autodidacta, su estilo de gestión se basa en la aplicación estricta de los principios de la **inversión en valor**.

Se le considera como uno de los gestores europeos más importantes en el mundo de las inversiones financieras

Frases famosas:

- "Los especuladores y la volatilidad son nuestros amigos, cuanto más haya, mejores resultados obtendremos a largo plazo"

- "La inversión es un negocio a largo plazo donde la paciencia marca la rentabilidad"

- "¿Cuándo vendemos un valor?, respondemos siempre: cuando haya una oportunidad mejor. Ese es nuestro objetivo permanente, mejorar la cartera cada día"

- "El inversor ideal es una persona paciente, que invierte a largo plazo, disfrutando del camino y no tanto del resultado, que no se deja llevar por las emociones, con convicciones, pero con ganas de aprender."
- "Cuando invertimos en acciones asumimos más volatilidad en el corto plazo, pero menos riesgo en todos los plazos."

- "Invertir en acciones no es fácil. Hay que comprar lo que nadie quiere y hay que vender lo que todo el mundo intenta comprar."

- "Invierte sólo en aquello que entiendes. No importa que sea mucho o poco, lo importante es no salirte de lo que sabes, aunque sea el sector inmobiliario en tu barrio"

JEFF BEZOS
(1964 - ...)

Jeff Preston Bezos es un empresario y magnate estadounidense. Es el fundador y director ejecutivo de **Amazon**.

Sus frases famosas:

- "Supe que si fallaba no me arrepentiría, pero sabía que lo único que podría lamentar era no intentarlo".

- "Al final de nuestras vidas solo seremos resultado de las elecciones que hemos tomado a lo largo de ella "

- Creo que la austeridad y sobriedad potencia la innovación. Una de las pocas formas de salir de una caja apretada es inventar tu propio camino.

- En el mundo antiguo, dedicabas un 30% de tu tiempo en crear un gran servicio y un 70% en difundirlo. En el nuevo tiempo, eso se invierte.

- Trabaja duro, diviértete, haz historia.

- La vida es muy corta como para rodearse de gente que no aporta nada a tu vida

- Si pretendes que jamás te critiquen, entonces no hagas nada.

- Una compañía no debería acostumbrarse a brillar siempre. Es adictivo, y no dura para siempre.

- El comercio electrónico será un amplio sector en el que triunfarán numerosas empresas al mismo tiempo con estrategias diferentes. Aquí hay lugar no para diez o cien empresas, sino para miles o decenas de miles de empresas.

- Si estás enfocado en la competencia, tienes que esperar que salga un nuevo competidor para hacer algo. En cambio, estar enfocado en el consumidor te permite ser más pionero.

- Una marca para una empresa es como la reputación de una persona. Usted gana reputación al tratar de hacer bien las cosas difíciles.

- Las tres cosas más importantes en el comercio minorista son la ubicación, la ubicación y la ubicación. Las tres cosas más importantes para nuestro negocio de consumo son la tecnología, la tecnología y la tecnología.

- Los márgenes porcentuales no importan. Lo que siempre importa son los márgenes en dólares: la cantidad real en dólares. Las empresas no se valoran por sus márgenes porcentuales, sino por la cantidad de dólares que realmente ganan y un múltiplo de eso.

- en el largo plazo, entonces realmente puede tomar buenas decisiones de vida de las que no se arrepentirá más adelante.

- Si todo lo que hace debe funcionar en un horizonte temporal de tres años, entonces está compitiendo contra muchas personas, pero si está dispuesto a invertir en un horizonte temporal de siete años, ahora está compitiendo contra una fracción de esas personas, porque muy pocas empresas están dispuestas a hacer eso. Con solo alargar el horizonte de tiempo, puede participar en esfuerzos que de otro modo nunca podría realizar. En Amazon nos gusta que las cosas funcionen en cinco a siete años. Estamos dispuestos a plantar semillas, dejarlas crecer, y somos muy tercos. Decimos que somos obstinados en la visión y flexibles en los detalles.

ELON MUSK
(1971 - ...)

Elon Reeve Musk es un empresario, emprendedor, físico, filántropo, inversor y magnate sudafricano.

Cofundador de **PayPal**, SpaceX, Hyperloop, **SolarCity**, The Boring Company, Neuralink y OpenAI. Es director general de SpaceX, de Tesla Motors, presidente de SolarCity y copresidente de OpenAI. En febrero de 2020 su fortuna se estimaba en 43.300 millones de USD, lo que le convertía en una de las personas más ricas del mundo.

Sus frases famosas:

- Muchas cosas son improbables, solo unas pocas son imposibles.

- Creo que es posible que la gente común elija ser extraordinaria.

- Constantemente busca la crítica. Una crítica bien pensada de lo que estás haciendo es tan valiosa como el oro.

- El fracaso es una opción. Si las cosas no están fallando, no estás innovando lo suficiente.

- Cuando algo es lo suficientemente importante, lo haces incluso si las probabilidades no están a tu favor.

- La paciencia es una virtud, y estoy aprendiendo a tener paciencia. Es una dura lección.

- Podría verlo pasar o ser parte de ello

- Incluso si hay un apocalipsis zombi, aún podrás viajar usando el sistema de sobrealimentación Tesla

- Realmente nos incumbe a nosotros como agentes de la vida extender la vida a otro planeta. Creo que ser una especie de múltiples planetas aumentará significativamente la riqueza y el alcance de la experiencia humana

- Ser emprendedor es como comer cristal y mirar al abismo de la muerte

- Comencé SpaceX con la expectativa de fracaso

- Cuando las personas realmente entienden que se trata de morir o morir, si trabajamos duro y nos esforzamos, tendremos un gran resultado; La gente dará todo lo que tiene.

- Un consejo: es importante ver el conocimiento como una especie de árbol semántico; asegúrate de entender bien los principios fundamentales, es decir, el tronco y las ramas, antes de entrar en las hojas o los detalles, o no habrá nada donde puedan agarrarse

- La ingeniería es lo más parecido a la magia que existe en el mundo.

- "Tu día será bueno si te despiertas sabiendo que construirás un futuro mejor. Si no, tendrás un mal día."

- Tesla Motors se creó para acelerar la llegada del transporte sostenible. Si abrimos el camino hacia la creación de vehículos eléctricos convincentes, pero luego dejamos atrás las minas terrestres de propiedad intelectual para inhibir a otros, estamos actuando de manera contraria a ese objetivo. Tesla no iniciará demandas de patentes contra nadie que, de buena fe, quiera utilizar nuestra tecnología.

- No creo empresas por crear empresas, sino para hacer las cosas.

- Siempre invierto mi propio dinero en las empresas que creo. No creo en todo el asunto de usar el dinero de otras personas. No creo que eso sea correcto. No voy a pedirle a otras personas que inviertan en algo si no estoy preparado para hacerlo yo mismo.

- Facebook está bastante arraigado y tiene un efecto de red. Es difícil entrar en una red una vez que está formada.

- Para todos los partidarios de Tesla a lo largo de los años, y han pasado varios años y ha habido momentos muy difíciles, solo me gustaría agradecerles mucho. Agradezco profundamente el apoyo, especialmente en los momentos más oscuros.

NAVAL RAVIKANT
(1974 - ...)

Naval Ravikant es un empresario e inversor indio-estadounidense especializado en star ups y en empresas emergentes con un alto potencial.

Es cofundador de **AngelList**, la plataforma que tiene la misión de ayudar y facilitar a las empresas emergentes durante el proceso de inversión y recaudación de fondos.

Siguiendo su cuenta de twitter @naval podemos ver que estamos ante uno de los pensadores y mentes más lúcidas de nuestra generación. Cada tuit es una obra de arte que contiene grandes dosis de conocimiento.

Frases célebres:

- "La inversión favorece a los desapasionados. El mercado separa eficientemente a los inversores emocionales de su dinero."

- «Si ves un plan rápido para enriquecerte, es otra persona que trata de enriquecerse contigo rápidamente.»

- "Si comes, inviertes y piensas como los medios de comunicación quieren que lo hagas, acabarás nutricional, financiera y moralmente arruinado."

- "El propósito de tener dinero es no tener que estar en un sitio específico en un tiempo específico haciendo cosas que realmente no quieres hacer."

+ CITAS

- "No siempre es fácil hacer lo que no es popular, pero ahí es donde se gana el dinero " **John Neff**

- "El más rico de todos los hombres es el ahorrativo; el más pobre, el avaro" **Nicolas de Chamfort**

- "Compra en activos, vende en ganancias " **Jeroen Bos**

- "Lo que parece obvio, es obviamente erróneo", **Paul Tudor Jones**

- "Octubre es uno de los meses particularmente peligrosos para especular en la Bolsa. Los otros meses peligrosos son julio, enero, septiembre, abril, noviembre, mayo, marzo, junio, diciembre, agosto y febrero", **Mark Twain**

- "El secreto del triunfo en los mercados financieros no se basa en acertar en todas las oportunidades que se nos presentan", **William O'Neil**

- "La planificación a largo plazo no es pensar en decisiones futuras, sino en el futuro de las decisiones presentes", **P. Drucker**

- "Si queréis ser ricos no aprendáis solamente a saber cómo se gana, sino también cómo se invierte", **Benjamin Franklin**

- "Los mercados alcistas no tienen resistencia y los bajistas no tienen soporte", **Ed Downs**

- "El pánico causa que vendas en el bajón, y la codicia causa que compres cerca de la cima", **Stan Weinstein**

- Los mercados pueden mantener su irracionalidad más tiempo del que tú puedes mantener tu solvencia, **John Maynard Keynes**

- La inversión debería ser más parecida a ver una pintura en la pared o ver crecer el césped. Si lo que busca son emociones, tome 800 dólares y vaya a Las Vegas, **Paul Samuelson**

- Si quieres ser rico, no aprendas solamente cómo se gana, sino también cómo se invierte. **Benjamin Franklin**

- El éxito está conectado con la acción. La gente exitosa se mantiene en movimiento. Hacen errores, pero nunca se dan por vencidos. **Conrad Hilton**

- Si piensas que perderás, estás perdido, pues el mundo nos enseña que el éxito empieza en la voluntad del hombre... Todo está en el estado de ánimo. **Napoleón Hill**

- La paciencia es la fortaleza del débil, y la impaciencia, la debilidad del fuerte. **Inmanuel Kant**

- La planificación a largo plazo no es pensar en decisiones futuras, sino en el futuro de las decisiones presentes. **P. Drucker**

- Con la paciencia y la tranquilidad se logra todo... Y algo más. **Benjamin Franklin**

- El interés es el perfume del capital. **Voltaire**

- «Un balance inevitablemente es falso. Porque, o bien se anotan las cosas por lo que han costado, y lo que han costado no es generalmente lo que valen, o se pretende anotarlas por lo que valen y, ¿cómo queremos saber lo que vale una cosa que no sabemos cuándo y a qué precio venderemos?» **Auguste Detoeuf**

- El deseo de invertir todo el tiempo suele ser la primera tara que debemos solucionar como inversores – **Robert Einstein**

- Una inversión en conocimiento paga el mejor interés. – Benjamin Franklin

- ¿Cuántos millonarios conoces que se hayan hecho ricos ahorrando dinero en una cuenta de ahorro? Pues eso. Poco más que decir. Robert G. Allen

- Basándome en mi propia experiencia personal -tanto como inversor en los últimos años, así como espectador experto en años pasados- los buenos inversores rara vez se tienen en cuenta más de tres o cuatro variables cuando invierten. Todo lo demás es ruido. – Martin Whitman.

- El Interés compuesto es la octava maravilla del mundo. El que lo entiende, lo gana. El que no lo entiende, lo paga. – Albert Einstein.

- Cuando se trata de invertir en bolsa, la estrategia de entrada es siempre mucho más importante que la estrategia de salida. – Edward Lampert.

- La mayoría de los inversores quieren hacer hoy lo que deberían haber hecho ayer. – Laurence H. Summers

- En muchos sentidos, el mercado de valores es como el clima. Si no te gustan las condiciones climáticas actuales para hacer algo, todo lo que tienes que hacer es esperar un tiempo. Algunos se empeñan en ir a esquiar cuando no hay nieve. – Low Simpson

- Las industrias que cambian rápidamente son el enemigo del inversor. – Mohhish Pabrai

- Yo veo la inversión como un método de compra de activos para obtener ganancias en forma de ingresos razonablemente predecibles (dividendos, intereses) y / o apreciación a largo plazo. – Burton G. Malkiel

- "El público suele comprar más en la parte superior que en la parte inferior de una acción. Es por eso que cuando todos los expertos están de acuerdo en sus recomendaciones y pronósticos, algo va a pasar, y no será lo que esperamos." Bob Farell

- "Las inversiones basadas en términos cuantitativos, análisis gráficos y ecuaciones de asignación de activos, invariablemente fracasan ya que están diseñados para capturar lo que un valor ha hecho en el ciclo anterior, mientras que en el próximo ciclo sigue siendo un acertijo envuelto en un enigma." Biggs Barton

- La mejor prueba que algo puede hacerse es que alguien antes ya la hizo. **Bertrand Russell**

- "Tanto si piensas que puedes, como si piensas que no puedes, estás en lo cierto " Henry Ford

- "Piensa. Sueña. Cree. Pero, sobre todo, atrévete. "**Walt Disney**

- "La mayoría de las personas exitosas ha encontrado sus mayores éxitos un paso más allá de su mayor fracaso "**Napoleón Hill**

- "Celebra tu éxito. Encuentra algo de humor en tus fracasos "**Sam Walton**

- "La suerte es un dividendo del sudor. Cuanto más sudor, más suerte tendrás " **Ray Croc**

- "Si alguien te ofrece una oportunidad increíble, pero no estás seguro de que puedas hacerlo, di que si – luego aprende cómo hacerlo. **Richard Branson**

- " Eso que llamamos destino, está en una gran parte en manos de los hombres, cuando estos tienen ideas claras y propósitos firmes "**Enzo Ferrari**

- " Un pesimista ve la dificultad en cada oportunidad, un optimista ve una oportunidad en cada dificultad " **Winston Churchill**

- " No he fracasado, he encontrado 10.000 formas que no funcionan "**Thomas Edison**

- "Muévete rápido y rompe muchas cosas. Si no rompes nada, es que no te estás moviendo lo suficientemente rápido". **Mark Zuckerberg.**

- " Si estuviésemos motivados por el dinero, hubiésemos vendido Google y estaríamos en la playa "**Larry Page**

- "Cuando estés negociando, busca quién es el tonto en el trato. Si no encuentras uno, es porque el tonto vas a ser tú "**Mark Cuban**

- "Rodéate de gente positiva y sana. Nunca dejes que un capullo te deprima " **Michael Bloomberg**

- " En toda historia de éxito encontrarás a alguien que tomó una decisión valiente "**Peter F.Ducker**

- " La educación formal le hará tener una vida cómoda; la autoeducación le hará una fortuna " **Jim Rohn**

- La paciencia no es la capacidad de esperar, sino la habilidad de mantener una buena actitud mientras esperas. La paciencia es un árbol de raíz amarga, pero de frutos muy dulces. **Proverbio persa.**

ANÓNIMAS

- "Las dos grandes fuerzas que mueven los mercados son la codicia y el miedo"

- "Todo lo que sube baja y todo lo que baja sube"

- "Si no sientes miedo en el momento de comprar es que estás comprando mal"

- "Que el último duro lo gane otro"

- "La clave para hacer dinero en acciones es no asustarse de ellas"

BIBLIOGRAFIA

PARA DOCUMENTARME SOBRE LA ELABORACIÓN DE ESTE LIBRO HE USADO DISTINTAS FUENTES, DE DÓNDE HE HALLADO DATOS SOBRE LOS ASPECTOS MÁS RELEVANTES DE LA PERSONA SOBRE LA CUAL BUSCABA SUS FRASES O CITAS FAMOSAS, ALGUNAS DE ESTAS FUENTES SON:

- WIKIPEDIA
- AZ QUOTES
- QUOTE-CITACION
- AFORISMOS
- BIOGRAFIASYVIDAS
- ETC....

DISCLAMER

Este libro es un divertimento o entretenimiento para el lector, no pretende ser un libro sobre cómo debe invertir.

Esta recopilación de frases de grandes inversores y pensadores de todos los tiempos le ayudarán a poner en valor algunos pensamientos que llevaron a estos hombres a triunfar en sus negocios.

Al igual que los refranes son la "cultura del pueblo ", podemos decir que las frases que recogen este libro son "la cultura financiera "de los mejores inversores del Mundo.

MUCHAS GRACIAS

Jotabe BOOKS escribe libros sobre temas que cree que pueden ser interesantes para el público, temas por los que el autor siente curiosidad y pretende trasmitir a los lectores dicho conocimiento.

Una de estas temáticas es la inversión en bolsa y este es el tercer libro que escribe sobre esa temática.
Los 2 escritos anteriormente son:

DICCIONARIO Y RATIOS BURSÁTILES: Definiciones del mundo financiero y bursátil de la A a la Z

https://leer.amazon.es/kp/embed?asin=B08BKNRF15&preview=newtab&linkCode=kpe&ref_=cm_sw_r_kb_dp_tAG8FbKNVGR0P

LA BOLSA: LA INVERSION DE TU VIDA: La seguridad del largo plazo

https://leer.amazon.es/kp/embed?asin=B08B5FMQXV& preview=newtab&linkCode=kpe&ref_=cm_sw_r_kb_dp_ OCG8Fb5D1KBAV

Agradecería SUS COMENTARIOS Y OPINIONES sobre el libro , y si les ha gustado una BUENA PUNTUACIÓN. **Muchas gracias**

www.ingramcontent.com/pod-product-compliance
Lightning Source LLC
Chambersburg PA
CBHW070418220526
45466CB00004B/1453